Ra[illegible]ez

Cinco cuentos para «uoiear» (no, seis)

Ilustraciones: Francesc Rovira

edebé

© Ed. Cast.: edebé, 2005
Paseo de San Juan Bosco, 62
08017 Barcelona
www.edebe.com

Directora de la colección: Reina Duarte.
Diseño de las cubiertas: César Farrés.
Ilustraciones interiores y cubierta: Francesc Rovira.

3.ª edición

ISBN 84-236-7539-4
Depósito Legal: B. 16869-2005
Impreso en España
Printed in Spain
EGS - Rosario, 2 - Barcelona

A César, con todo el amor
de la infancia y de la vida.

PR L G

¿Sabes qué pone en el título? Pues en realidad… nada. Pero es una prueba apabullante de lo importantes y principales, y hasta imprescindibles, que son las letras vocales.

«Hay que ver qué principales
son las cinco letras vocales»,
que diría el poeta.

Fíjate si serán principales y hasta imprescindibles, que sin las letras vocales no existiría el mundo.

Quiero decir que no se podrían nombrar las cosas que hay en el mundo, que para el caso...

A ver cómo dices tú MAR, por ejemplo, si le quitas la letra A. Anda, inténtalo...

O intenta decir LECHE, borrando la letra E.

O PILLÍN, si nos comemos la primera y segunda I. Venga, a ver cómo lo pronuncias.

Ya has visto el mismo título de estas líneas: si quitamos la letra O, no hay ser humano que adivine que pone PRÓLOGO.

¡Hasta TÚ, sí, tú, tú mismo o tú misma te quedarías en nada si desaparece la letra U! Tú no eres tú sin la U.

Ni nada sería nada sin las letras vocales. Los CUENTOS DE MARAVILLA, por ejemplo, se quedarían en qué sé yo si les tacha-

MAR
LECHE
PILLÍN
PRÓLOGO
TÚ
CUENTOS DE
MARAVILLA

mos la A, E, I, O, U. ¿Quieres que hagamos la prueba? Venga, a ver cómo dices tú esto:

C NT S D M R V LL

¡Peor que un trabalenguas! ¿A que sí?

Pero con las cinco vocales sí que existe el mundo. Y también los cuentos maravillosos. Por ejemplo, éstos que vas a leer: CINCO CUENTOS PARA «UOIEAR». ¿Que qué es «UOIEAR»? Lo que a ti te dé la gana. Es un verbo que acabo de inventarme juntando las cinco letras vocales y poniéndole una erre al final, como todos los verbos.

¿Cómo? ¿Que las vocales están de atrás para adelante? ¡Ahí va, pues es verdad! ¡Ni me había dado cuenta!

Pero así lo dejo, que así me ha salido. De adelante para atrás, o de atrás para adelante,

el caso es que las cinco vocales van a ser protagonistas de estas cinco historias que voy a contarte. No, seis.

¿Que si una vocal puede ser protagonista de un cuento, lo mismo que un hada o un príncipe azul? ¡Anda, pues claro! ¿No hemos quedado en que las vocales son muy principales? Pues ya está.

(¡Ah!, un momento: las cancioncillas que van delante de cada cuento no me las he inventado yo. Ésas son más antiguas que ni sé. Mi abuela Celeste —que sale en el tercer cuento— ya se las sabía y puede que también se las supiera la abuela de mi abuela. ¡Y hasta la abuela de Maricastaña!)

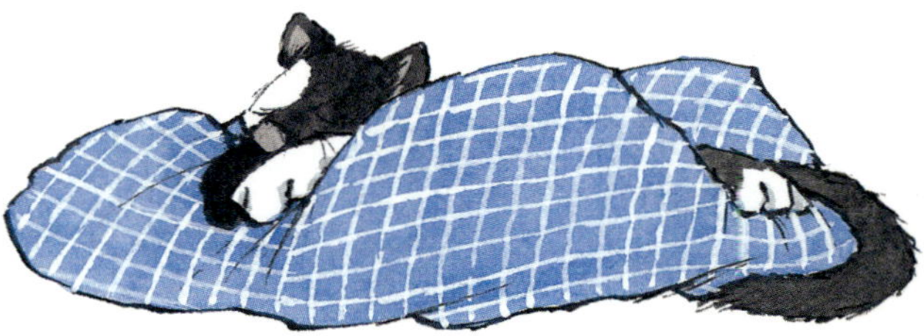

Canto y cuento de la letra A

A - A - A
Mi gatita mala está.
A - A - A
Mi gatita mala está.
No sé si se curará
o si no se morirá.
A - A - A
Mi gatita mala está.

Mi gatita se llama A.
Y yo me llamo Dafne. Yo no sé por

qué me llamo Dafne, pero sí sé por qué mi gata se llama A.

Yo misma le puse ese nombre. Se llama A porque es la primera mascota que tengo en mi vida, igual que la A es la primera letra de todas.

A lo mejor luego tengo otras mascotas, una tortuga, o un pez de colores, pero la primera ha sido mi gata A.

Me la regaló mi tía A. Bueno, mi tía no se llama A. Se llama Ana, pero yo la llamo A, sólo con la primera letra de su nombre. Es más divertido y a mi tía A le gusta.

También a mi gata le gusta su nombre. En cuanto dices «A», ella viene corriendo a tu lado esté donde esté. Fijaos si será lista mi gata que, si alguien dice una palabra que empiece por A, zas, ella que se pone delante.

Por ejemplo, si estamos desayunando y mi papá pide azúcar, como AZÚCAR empieza por A, mi gatita A se sube a la mesa de un salto y se planta delante de él.

Por eso, cuando no queremos que mi gata A moleste, tenemos que tener mucho cuidado de no decir ninguna palabra que empiece por la letra A. No puedes pedir agua aunque te mueras de sed. Ni harina para hacer croquetas. Ya sé que HARINA empieza por hache, que no soy tonta. Pero mi gata no lo sabe, y como además la letra hache no se pronuncia...

Bueno, la verdad es que ahora mismo mi gata A no vendría aunque dijeras AGUA, o ACEITE, o ACEITUNAS, o ADORNO, o AVIÓN, o ADIVINANZA. No vendría porque está mala. Está tan enferma, tan enferma que no sé si se va a curar o se va a morir.

Y yo estoy muy triste, claro. Estoy tan triste, tan triste que mi mamá dice que voy a caer enferma de tristeza, igual que mi gatita A.

Y entonces me he parado a pensar y me he dicho: «¡Si me pongo enferma, no podré terminar de contaros la historia de mi gata A!» ¡Vaya faena!, ¿no?

Y si me pongo enferma, tampoco podré cuidar a mi gatita A para que se cure.

Así que he decidido no estar triste y no ponerme enferma. Acabo de decidirlo.

Y lo que voy a hacer es contaros a vosotros y a mi gatita enferma el cuento de la letra A, a ver si así se cura. ¿Que si los cuentos curan? Yo creo que sí. Y en todo caso, siempre podemos comprobarlo.

La letra A tiene muchos oficios. ¿Cuántos? Por lo menos, por lo menos, siete. Un oficio cada día de la semana.

Los lunes, la letra A es un paraguas abierto. Bueno, en realidad es un paraguas sin mango, sólo la parte de arriba de un paraguas. La parte más importante, claro está, la que te cubre para que no te mojes cuando llueve. Por eso no importa que no tenga mango, digo yo. Y además, si un lunes quiere tener mango, llama a la letra jota, que es amiga suya, y la letra J le ayuda a ser un paraguas completo. ¿O es que no habéis notado que la J tiene forma de mango de paraguas?

Los martes, la letra A hace el oficio de escalera de madera para subir a los árboles. Lo que pasa es que es una escalera con un solo peldaño, y por eso resulta un poco difícil subir por ella...

¿Pero sabéis lo que hace los martes la letra A para ser una escalera de verdad? Pues llama a su amiga la letra hache. La H también es como una escalera con un solo peldaño. La A y la H se juntan, se atan con una cuerda... ¡y ya tenemos una escalera con dos peldaños!

Los miércoles, la letra A hace de sombrero de capirote. Pero vosotros me diréis: «¿Para qué sirve un capirote si no hay una cabeza para ponerse el capirote?» ¡Anda, te lo puedes poner tú! ¡Coges una letra A grande y te la pones de capirote! Y en todo caso, cuando la letra A quiere ser un capirote con cabeza, llama a su amiga la letra O, redonda como

la cara de un señor gordito, ¡y ya tenemos un capirote con su cabeza correspondiente!

Los jueves, la letra A se da la vuelta, se pone boca abajo, y hace el oficio de cucurucho de un helado. «¿Y el helado?», os preguntaréis vosotros. Muy sencillo. Si es un helado de una sola bola, vuelve a llamar a la letra O. Y si alguien lo prefiere de dos bolas, llama a la letra B, se la coloca encima tumbada, ¡y ya está!

(En voz bajita os diré que el verdadero oficio de cucurucho de helado lo hace la letra uve. Pero no sé si sabéis que la V era antes una A que, por la manía de andar siempre de cogote, perdió la rayita de en medio y se quedó así, como despatarrada.)

Sigamos. Los viernes, la letra A hace de vela de barco. Y si quiere hacer de barco entero, llama a la letra D, se la coloca debajo..., ¡y ya tenemos el barquito de vela entero y verdadero!

Los sábados... ¡Ay, los sábados! Los sábados, la letra A hace de árbol muy verde y muy puntiagudo lleno de pájaros cantores. ¿Que le falta el tronco? No hay problema: llama a su amiga la letra I para formar con ella el árbol más alto que hayáis podido imaginar. ¡Un árbol que toca con su punta las nubes y el sol!

Y llegamos al domingo. ¿Qué oficio diréis que ejerce la letra A los domingos? ¡Pues ninguno, porque los domingos no se trabaja! Los domingos son para descansar. Y por eso, la letra A, los domingos, se encierra en sí misma, se tumba en un sofá y se pone a ver la tele, a escuchar música o a leer un libro de cuentos. ¿Que por qué digo que se encierra en sí misma? ¡Anda, pues porque los domingos la letra A hace de casita de campo, tan linda ella, y allí que se queda, en su propia casa, descansando de todos los oficios y trabajos que ha hecho durante la larga semana!

Y colorín, colorado,
el cuento de la A se ha terminado.

Canto y cuento de la letra E

E - E - E
A mí me gusta el café.
E - E - E
A mí me gusta el café.
No sé si lo tomaré
o si no lo dejaré.
E - E - E
A mí me gusta el café.

Os parecerá un poco raro, pero a mí me gusta el café. Y mucho.

Sería más normal que me gustase el Cola-Cao, ya lo sé. Pero me gusta el café. Además, el café bien negro, cuanto más negro mejor.

¡Ay, perdón! No lo he dicho, pero soy Dafne, la misma niña del primer cuento, la dueña de la gatita A. ¿Os acordáis?

Mi gatita A ya se curó de su enfermedad. No sé si sería por el cuento que le conté. Lo que sí sé es que el cuento le gustó tanto, tanto, tanto, que ahora quiere que le cuente el cuento de la letra E.

A lo mejor se lo cuento luego. Ahora estoy un poco nerviosa, porque no sé si tomarme una taza de café o no tomármela.

¿Me la tomo o no me la tomo?

Mi mamá me dice que si me la tomo me pondré aún más nerviosa, porque el café altera los nervios. Pero es que, si no me la tomo, voy a estar también muy nerviosa por tener que aguantarme las ganas de tomármela.

Vaya lío, ¿no?

Yo creo que la mejor manera de olvidarme de los nervios, del café y de si me lo tomo o lo dejo de tomar, será que me ponga a contarle un cuento a mi gata A. Y de paso, a todos vosotros, claro. El cuento de la letra E.

La letra E es una de las letras más importantes del mundo. Fijaos si será importante que, de las 28 letras que tiene el alfabeto, veinte no existirían si no existiese la letra E. ¿Que por qué? Pues porque el nombre de esas 20 letras se pronuncia con la letra E. Sin la letra E, las pobrecillas no tendrían nombre.

Por ejemplo, la letra be, y la ce, y la de, y

la pe... Todas ellas, como podéis comprobar, llevan una E en su nombre. ¡Y algunas letras llevan hasta dos! Por ejemplo, la efe, y la ele, y la eme, y la ene, y la ese...

De todas las letras que existen, que son 28, nada menos que 20 dependen de la letra E para existir. ¡Ahí es nada!

Por eso tiene tantas amigas la letra E. Imaginad que alguna de esas 20 letras se enfada y riñe con la E. Pues coge la E, se larga, y la pobre letra se queda sin nombre.

Y ahora que digo esto, ¿vosotros habéis jugado alguna vez a quitar una letra a un nombre y ver lo que pasa? ¡Es divertidísimo!

Precisamente mi cuento de la letra E trata de un hombre que andaba quitando la letra E a las palabras para peinarse con ella.

Sí, sí, eso he dicho, para peinarse. Porque

no me negaréis que la letra E tiene forma de peine, ¿o no?

Pues resulta que érase una vez un hombre tan despistado, tan despistado, que nunca recordaba dónde había puesto el peine. Entonces cogía la primera letra E que encontraba y se peinaba con ella.

La primera vez que cogió una E fue una mañana al salir de casa aprisa y corriendo para ir a trabajar.

«¡Anda, si no me he peinado!», pensó. Y pegó un salto, arrancó la letra E de encima de la puerta (porque él vivía en el 5º E) y bajó las escaleras peinándose con la letra de su piso.

¿Y sabéis lo que pasó cuando volvió a casa después de trabajar? Que como era tan despistado y su piso ya no tenía letra encima de la puerta, se equivocó mil veces y se metió en casa de casi todos los vecinos. Unos se enfadaron mucho. Otros, menos. Y otros ni se enfadaron siquiera. Así que podemos decir que arrancar la letra E de su propia puerta no tuvo mayor importancia, ni tampoco mayores consecuencias.

¡Pero sí que tuvo consecuencias cuando el señor despistado de nuestro cuento arrancó la letra E, para peinarse, de otros sitios e incluso de algunas palabras!

Por ejemplo, un día quitó la letra E a un erizo. Al pobre, al convertirse en rizo, se le rizaron las púas duras y puntiagudas, y casi se muere de vergüenza al verse tan cursi.

Otro día estaba leyendo una epopeya... (¿Sabéis lo que es una epopeya? Es una poesía que cuenta las fantásticas aventuras de un gran héroe.) Estaba nuestro hombre leyendo una epopeya, como os decía, y se dio cuenta de que andaba despeinado. Cogió la letra E para peinarse y la epopeya quedó convertida en Popeya, ¡que es la hermana gemela de Popeye!

Y no os digo nada con lo que le pasó a doña Elisa... ¡Eso sí que estuvo bien! Doña Elisa era vecina del hombre despistado de nuestro cuento y estaba gorda, gorda, gorda. Tan gorda estaba doña Elisa, que podríamos decir que era una mujer redonda. Hacía dietas para adelgazar. Iba todos los días al gimnasio. Se ponía el chándal para hacer *footing* por el parque... Pero nada, seguía gorda y redonda como un globo gigante.

Hasta que un buen día, el hombre despistado de nuestro cuento le quitó la E de su nombre a doña Elisa, que venía de comprar el pan, para peinarse.

¡Oh, prodigio! ¡Oh, milagro! ¡Oh, maravilla! Doña Elisa se quedó entonces lisa y delgada como una modelo de alta costura. Y jamás le reclamó a su vecino que le devolviese la E que le había robado para usarla de peine. Jamás.

A la gorda doña Elisa le vino de perlas perder la E de su nombre para quedarse lisa y esbelta, ¿a que sí? Una historia con final feliz, estaréis sin duda pensando.

Pero seguro que no pensaréis lo mismo si os cuento lo que le pasó al hombre despista-

do de nuestro cuento cuando un buen día, mejor dicho, un mal día, recibió una carta del extranjero. El hombre despistado de nuestro cuento era también bastante repipi (esto no os lo había dicho hasta ahora) y llamaba a las cartas EPÍSTOLAS, que es como las suelen llamar los cursis.

—He recibido una epístola del extranjero —le dijo en el portal a su vecina doña Lisa (porque esto ocurrió después de haberle quitado la E).

Subió luego el hombre despistado y cursi a su casa. Y cuando iba a abrir la carta o epístola del extranjero, se dio cuenta de repente de que estaba totalmente despeinado. ¡Más despeinado que nunca!

Y en lugar de buscar el peine (¡jamás sabía dónde lo guardaba!), no se le ocurrió otra cosa que arrancarle la letra E a la epístola que acababa de recibir.

¡En mala hora lo hizo! La epístola se convirtió en pistola. A la pistola se le escapó un tiro, y el hombre despistado y cursi de nuestro cuento cayó muerto con un balazo en el corazón.

¿Qué os parece este final? Muy triste, ¿verdad? Como para ponerse a llorar de tristeza, ¿a que sí?

¿Pero si os digo ahora que todo es una broma? ¿Que las epístolas, aunque les quites la E, no disparan tiros?

¿Que ya os lo imaginabais?

¿Pero a que no os imaginabais que a mí no me gusta el café? Eso también era una broma. A mí lo que me gusta a rabiar es el chocolate bien espeso y con muchos, muchísimos bizcochos.

Pues bromeando, bromeando,
el cuento de la E
ya se está terminando.
¡Y ya se terminó!

Canto y cuento de la letra I

I - I - I
En un libro yo leí.
I - I - I
En un libro yo leí
una historia muy bonita
que muy pronto la aprendí.
I - I - I
En un libro yo leí.

La canción tiene razón. Hace algún tiempo leí una historia muy bonita y me la aprendí de memoria.

¿Queréis que os la cuente?

(No sé qué habréis respondido, porque no os veo, pero mi gatita A, que está aquí delante, ha dicho que sí con el rabo.)

La historia que leí en un viejo y precioso libro y que ahora voy a contar a mi gata A, y a cuantos quieran escucharme, trata de un hada que perdió su varita mágica.

¿Cómo...? ¿Que si se trata de un hada no es una historia sino un cuento?

Bueno, de acuerdo, pues cuento. Aunque..., pensándolo mejor, me parece que este cuento tiene también algo de historia. Al final lo discutiremos, ¿de acuerdo?

Historia o cuento, es el cuento o historia de la letra I. Bueno, de un hada que perdió su varita mágica y que, para reemplazarla, co-

gió una letra I y con ella se puso a hacer magia.

Eligió la letra I por dos razones: la primera, porque la letra I es como una varita finísima, no me digáis que no; y la segunda, porque la letra I anda metida en palabras tan bonitas como IMAGINACIÓN, ILUSIÓN, FANTASÍA, INGENIO, ALEGRÍA, MISTERIO, MAGIA, INFINITAMENTE, INTRÍNGULIS, POESÍA y también INFANCIA.

Hasta la mismísima hada de mi cuento tenía una I en su nombre. No, dos. ¡Qué digo dos, cuatro! Se llamaba Iris. Iris Asioasí.

El hada Iris Asioasí perdió un día su varita mágica y ya no podía transformar unas cosas en otras. Porque habéis de saber que ésa era su especialidad. Y no es que el hada Iris Asioasí no supiera hacer otros números de magia, sino que lo que mejor le salía siempre era transformar una cosa en otra. Lo había aprendido en la Escuela de Magia del señor Silber, que fue un mago muy famoso que a su vez se había inventado el archifamoso mago de las letras Michael Ende.

En la Escuela de Magia del señor Silber cada alumno se especializaba en una clase de magia: unos, en volar por los aires; otros, en mover las cosas de sitio; otros, en hacerlas desaparecer y aparecer de nuevo; otros, en hacer las cosas más grandes o más pequeñas; y otros, como el hada Iris Asioasí, en cambiar o transformar unas cosas en otras.

Pero...

Pero para transformar un objeto o una

persona en otra cosa o ser diferente, había que construir un puente mágico entre ambos. Es decir, había que descubrir la relación existente entre la cosa que se iba a transformar y la cosa transformada.

Me explicaré mejor. Si, por ejemplo, se trataba de convertir un caballo en un perro, la relación o puente mágico entre ambos era fácil de establecer: los dos eran animales, los dos tenían cuatro patas y rabo, y los dos eran amigos y servidores de las personas.

Otro tanto podríamos decir del agua convertida en vino, o de la letra O convertida..., convertida... ¡en rollo de papel higiénico! ¡Ya veis qué ideas tienen algunos!

¿Pues sabéis quién tuvo esta idea tan... maloliente?

No os lo vais a creer, pero la tuvo la letra I

justo cuando el hada Iris Asioasí le pidió si quería ser su varita mágica.

—Seré tu varita mágica —le contestó la letra I— con una condición: que para lo primero que me uses sea para convertir la letra O en..., en..., en un rollo de papel higiénico.

¡Anda con la letra I, con lo elegante, espigada y finolis que parecía!

La letra I es la más delgadita de las cinco vocales, como todo el mundo bien sabe. Y parece ser que, por eso mismo, gasta un humor de perros. Sobre todo porque la letra O siempre se está metiendo con ella y llamándola flaca y esmirriada. Como además están juntas y la O ocupa tanto sitio, la letra I se queja de que la empuja y no le deja ni respirar.

Total, que la I aprovechó la circunstancia

de que el hada Iris Asioasí le pidió hacer de varita mágica para exigirle, como condición, que convirtiera a la letra O en un rollo de papel higiénico.

—¡Para que todo el mundo se limpie el trasero con ella! —dijo entre dientes la muy malvada.

Menos mal que el hada Iris Asioasí se hizo la tonta. Convirtió a la letra O en un rollo de serpentinas de colores en vez de en un rollo de papel higiénico y le dijo a la letra I que le había salido mal la magia y había equivocado un rollo con otro.

Pero volvamos al hilo de nuestra historia.

Os estaba diciendo que la especialidad mágica del hada Iris Asioasí era transformar una cosa en otra y que, para eso, tenía que haber entre ambas cosas una cierta relación o puente mágico.

El puente mágico entre la letra O y el rollo de serpentinas de colores está muy claro, creo yo. Pero, ¿qué me diríais si se tratara de transformar... una abuela en un libro de cuentos?

«¡¿Una abuela en un libro de cuentos?!», os habréis preguntado todos con cara de susto, de pasmo y de incredulidad.

«¡¡Imposible!!», os habréis contestado inmediatamente vosotros mismos.

Algo parecido se preguntó y respondió el hada Iris Asioasí cuando yo le pedí que convirtiera a mi abuelita Celeste en libro de cuentos. Yo misma, sí señores, Dafne, vuestra amiga Dafne. Yo fui quien le pidió tal cosa al hada Iris Asioasí.

CUENTOS

¿Que por qué? Porque mi abuelita Celeste estaba a punto de morirse y yo no quería que se muriese. Por eso acudí al hada Iris Asioasí y le expliqué:

—Por favor, hada Iris Asioasí. Justo en el momento en que mi abuelita esté a punto de exhalar el último suspiro, le tocas con tu varita mágica y la conviertes en libro de cuentos, ¿vale?

El hada Iris Asioasí me dijo que eso era imposible.

—¿Por qué...? —le pregunté yo con voz muy triste.

—¡Porque entre una abuela y un libro de cuentos no podemos construir un puente mágico! —respondió ella—. ¿Es que tú ves alguna relación entre una abuela y un libro? La abuela es una persona y el libro es una cosa.

La abuela es de carne y hueso, y el libro es de cartón y papel. La abuela tiene ojos y el libro tiene hojas. La abuela tiene moño y el libro no tiene moño. La abuela habla y el libro no habla...

—¡Alto ahí! —grité yo en ese momento—. ¡A mí los libros me hablan y me cuentan historias y cuentos maravillosos! ¡Igual, igual que mi abuelita Celeste!

—¿Ah, sí...? —preguntó el hada Iris Asioasí, abriendo unos ojos grandes y hermosos de hada—. Entonces... ¡ya tenemos el puente mágico entre lo que queremos transformar y la cosa en la que queremos que se transforme!

Y el hada Iris Asioasí cogió solemnemente con ambas manos la letra I, que ahora era su varita mágica, y convirtió a mi abuelita Celeste, justo en el momento en que salía de su boca la paloma blanca del último suspiro, en un viejo (como ella) y maravilloso (igual que ella) libro de cuentos.

Por eso os decía al principio...

¿Recordáis lo que os dije al principio?

Que al final hablaríamos de si esto era sólo un cuento o también una historia: porque el libro en el que, según la canción de la letra I, yo leí la bonita historia que os he contado, a lo mejor no era otro que el libro viejo y maravilloso en que el hada Iris Asioasí transformó, con ayuda de la varita I, a mi abuela Celeste.

Y colorín, colorado,
la magia de la letra I, por hoy,
se ha terminado.

Canto y cuento de la letra O

O - O - O
Mi hermana Petra bordó.
O - O - O
Mi hermana Petra bordó
un pañuelo muy bonito
«pa» la Virgen de la O.
O - O - O
Mi hermana Petra bordó.

La cancioncilla que acabamos de cantar será muy simpática pero está llena de errores.

El primero de todos es que yo no tengo una hermana que se llame Petra. A lo mejor alguno de vosotros sí que la tiene. En ese caso la canción, al menos para él, no se equivoca.

Pero donde se equivoca del todo y para todo el mundo es en lo de «pa». Porque no se dice «pa» sino «para», naturalmente. ¿O no?

Yo no sé si el que hizo la canción era un poco analfabeto o es que si ponía «para» no pegaba bien con la música. Me da a mí que fue por esto último, y por eso vamos a perdonarle, ¿vale?

Claro que si puso «pa» por otro motivo que desconocemos..., por un motivo oculto y misterioso, por ejemplo...

¿Queréis que nos inventemos un cuento que trate de este asunto?

¿Que de qué asunto? ¡Pues cuál ha de ser!

Un cuento que nos cuente por qué el autor de la cancioncilla de la letra O puso «pa» en lugar de «para».

Alguno de vosotros estará pensando: «En ese caso tendrá que ser un cuento de misterio...»

Pues sí.

Un cuento en el que salga un detective que investigue y descubra...

¡Ya está! Como éste es el cuento de la letra O, el detective se llamará Don O.

¿Que no puede haber nadie que se llame O? ¿Por qué? ¿No se llama A mi gatita?

Ya, ya sé que un gato no es lo mismo que una persona. Pero si os paráis a pensar un poco, os daréis cuenta en seguida de que hay personas que ni siquiera llegan a llamarse O: se llaman menos que O.

Me explicaré. Yo conozco a un hombre, el panadero de mi barrio, que se llama Casio. ¿Os dais cuenta? CASI-O, es decir, que no se llama O del todo, sólo casi.

¡Pero aún hay otro ejemplo más..., más..., más espectacular!

¿Alguno de vosotros conoce a algún... Nicasio? ¿Sí? Pues observad con atención, con mucha atención.

Ese buen hombre no se llama ni O, ni casi O, sino eso mismo, NI-CASI-O. No llega ni al casi, el pobrecillo.

Un poco lioso, lo comprendo, pero es la única forma de callar la boca a los que decían que un detective no puede llamarse Don O.

Érase una vez... (y ya comienza en serio nuestro cuento de la letra O) un detective que se llamaba Don O. Tenía un ayudante (porque todos los detectives como Dios manda tienen siempre un ayudante) que se llamaba Nicalor.

No, no me he equivocado. He dicho Nicalor, no Nicanor. Bueno, en realidad sí se llamaba Nicanor. Sin embargo, le llamaban Nicalor porque, siempre que le preguntaban qué tal estaba, él respondía invariablemente: «No tengo ni frío ni calor».

Pues bien, un día, el detective Don O y su ayudante Nicalor recibieron el encargo de investigar un caso verdaderamente extraordinario. Un caso raro, raro, raro.

Y digo raro, raro, raro, porque lo normal

y corriente es que a un detective le encarguen investigar la desaparición misteriosa de una persona o de un objeto, ¿no es así?

¡Pues a nuestro detective Don O le encargaron todo lo contrario: investigar la aparición misteriosa de un pañuelo!

Sí, señores, un pañuelo bordado que apareció un día, así porque sí, en la mano izquierda de la imagen de la Virgen de la O.

La Virgen de la O es una Virgen guapísima y de ojos muy grandes pero muy tristes. Desde siempre llevaba un pañuelo de seda en su mano derecha, un pañuelo para secarse las lágrimas, seguramente. Pero en la mano izquierda no tenía nada. Sólo la tenía abierta como implorando al cielo.

Y he aquí que un buen día, así porque sí, la imagen de la Virgen de la O apareció con dos pañuelos de seda, uno en cada mano. Y los dos primorosamente bordados con hilos de oro.

—¡No puede ser! —exclamó el sacristán cuando vio a la Virgen con los dos pañuelos—. ¡Según dice la canción de la letra O, la Virgen de la O sólo tiene un pañuelo, el que le bordó mi hermana Petra!

(¡Ah, mira por dónde! Ahora sabemos que Petra era la hermana del sacristán.)

Fue entonces cuando contrataron al detective Don O para investigar cómo y por qué había aparecido un segundo pañuelo en la mano izquierda de la Virgen de la O.

El detective Don O llamó a su ayudante Nicalor y le dijo:

—Tienes que conseguirme cuatro letras O para poder investigar este caso. Una nos servirá de lupa. Otra, de boca redonda de la pipa que todo detective debe llevar siempre entre los labios. Y las otras dos restantes, de ruedas para la motocicleta que emplearemos en nuestro trabajo. Ah, pero escucha bien esto, Nicalor: las cuatro tienen que pertenecer a una sola palabra.

—¿Quiere usted decir que debo encontrar una palabra que tenga cuatro letras O? —preguntó el ayudante—. ¡Ya la tengo! OTORRINOLARINGÓLOGO tiene seis. ¡Todavía nos sobran dos!

—No, no, no, Nicalor. No sirve. Tiene que ser una palabra que tenga solamente cuatro letras O, ni una más ni una menos. Y además…

—¡¿Aún hay más condiciones?!

—Sí. Tiene que ser una palabra que tenga cuatro letras O, pero que no tenga ninguna otra vocal. Ni la A, ni la E, ni la I, ni la U.

—¿Y eso por qué?

—Ah…, misterio.

Nicalor se encogió de hombros y se encerró en su despacho con un diccionario gordísimo dispuesto a encontrar la misteriosa palabra.

¡Y la encontró! Tardó una semana entera pero la encontró: una palabra de cuatro sílabas, que tenía una letra O en cada una.

Fabricaron la lupa con la primera. Con la segunda hicieron la redonda pipa de detective. Las otras dos sirvieron de ruedas de la motocicleta. Y así, Don O y su ayudante Nicalor comenzaron a investigar la aparición misteriosa del segundo pañuelo de seda bordada de la Virgen de la O.

Examinaron primero ambos pañuelos con la lupa (sin dejar de fumar con la pipa) y descubrieron que ambos eran exactamente iguales. Y además, bordados por la misma mano.

—¿La misma mano? —se preguntó Don O—. ¿La mano de Petra, la chica que sale en la canción de la letra O?

—¡Pero la canción dice que Petra bordó un único pañuelo! —exclamó su ayudante.

—¿Seguro que dice eso? —preguntó el detective Don O, recalcando las palabras y mirando un poco de reojo.

Entonces cogieron la motocicleta y se fueron a buscar a Petra, para preguntarle si había bordado uno o dos pañuelos.

Pero, ¡oh, desgracia!, Petra acababa de marcharse de viaje a la otra punta del mundo. Ellos no podían ir a buscarla con una simple motocicleta.

—¿Y si cogemos otra O, bien gorda, y hacemos con ella un globo para encontrarla esté donde esté? —dijo Nicalor.

—No hace falta —contestó Don O, poniendo cara de listo, listísimo—. A quien debemos buscar y encontrar es a quien hizo la cancioncilla de la letra O. ¡En él está la solución del enigma!

Volvieron a coger la motocicleta, la lupa y la pipa, y se fueron en busca del misterioso compositor. Recorrieron ciudades, pueblos, aldeas... Y al cabo de un mes, lo encontraron.

Era un hombre muy culto y muy fino. Hablaba y escribía correctísimamente, sin fallos ni faltas.

El detective Don O esbozó una maliciosa sonrisa y exclamó:

—¡Lo sabía!

—¿Qué es lo que sabía usted? —preguntó, más asombrado que asombrado, el ayudante Nicalor.

—Que el compositor de la canción de la letra O no puso «pa» porque fuera un tonto o un analfabeto (como tú bien acabas de comprobar), sino... ¡porque le dio la real gana! ¿Y por qué? ¡Porque el «pa» de la canción no significa PARA, sino otra cosa bien distinta!

Ahora sí que el ayudante no hubiera podido decir que no tenía ni frío ni calor. ¡Tan pronto se quedaba helado del susto como sudaba del asombro!

—Y..., y..., ¿y qué es, entonces, lo que significa? —preguntó, tartamudeando, el ayudante Nicalor.

—¡Elemental, querido Nica, elemental! El «pa» no es otra cosa que la primera sílaba de la palabra PA-ÑUELO. Por tanto, Petra bordó dos pañuelos para la Virgen de la O: el que se dice claramente y el que se insinúa sólo con la primera sílaba. Por todo ello, querido Nicalor, si fueron dos los pañuelos que Petra bordó para la Virgen de la O, no es extraño que la imagen de la Virgen lleve un pañuelo en cada mano. ¿No lo crees así?

Y como el caso estaba resuelto, el detective Don O dijo a su ayudante:

—Ya puedes devolver las cuatro letras O que hemos empleado para nuestra investigación a la palabra de donde las cogiste.

Y así lo hizo, en efecto, el ayudante Nicalor.

Y colorín, colorado,
el cuento de la letra O…

¿Cómo? ¿Qué? ¿Que cuál es la palabra de la que habían tomado prestadas el detective y su ayudante las cuatro letras O para…? ¡Ah, sí, claro! ¡Se me había olvidado de decirla!

HOMÓLOGO.

Ésa fue la palabra. Un poco rarilla, ya lo sé. ¿Pero sabéis lo que significa?

Significa «igual». ¿Os dais cuenta? Como iguales eran los dos pañuelos que bordó Petra para la Virgen de la O. Cosas de los cuentos de misterio...

Canto y cuento de la letra U

U - U - U
A mí no me pegas tú.
U - U - U
A mí no me pegas tú.
Se lo diré a mi papá
cuando venga del Perú.
U - U - U
A mí no me pegas tú.

Mi gatita A le tiene un miedo terrible al Fantasma U. Cada vez que mi gatita A, la que estaba enferma, ¿os acordáis?, ve aparecer al Fantasma U, se le erizan los pelos del rabo, le tiemblan los bigotes y echa a correr como si hubiera visto al mismísimo demonio.

Y eso que el Fantasma U es amigo mío. Y me quiere un montón. Y me defiende siempre que alguien intenta pegarme.

Cuando alguien se mete conmigo, voy yo y le digo:

—¡A que se lo digo a mi amigo el Fantasma U!

¿Cómo?... ¡Ah, no! Lo de la canción es una broma. Mi papá no pega a nadie. Mi papá sí que estuvo una vez en Perú, claro que estuvo, y de allí me trajo precisamente el Fantasma U.

Mi fantasma lleva siempre una sábana blanca que le llega hasta los pies y se la cambia el mismo día que mi mamá cambia las sábanas de mi cama.

¿Que qué hay debajo de la sábana blanca del Fantasma U? ¡Pues el Fantasma U, qué queréis que haya! Lo que pasa es que los fantasmas son invisibles. Si les quitas la sábana, no se les ve ni se sabe cómo son. Sólo se puede saber cómo son con la sábana puesta. Si os habéis fijado, son como una U boca abajo con dos agujeritos para poder ver.

¡Por eso le puse yo el nombre de U a mi fantasma, porque es igualito que una U boca abajo!

Bueno, por eso y porque mi Fantasma U sólo sabe decir U. No sabe hablar más. Dice U para preguntar y dice U para contestar. Y cuando quiere asustar a alguien, dice: UUUUUUUU. Es lo que mejor le sale.

El trabajo de los fantasmas es asustar. Eso lo sabe todo el mundo. Y asustan precisamente lanzando un «¡UUUUU!» largo y terrorífico que hiela la sangre a quien lo escucha.

Por eso un día ocurrió lo que ocurrió...

La letra U se presentó en el despacho del Director General del Abecedario, con el gesto muy enfadado, y dijo así:

—Vengo a protestar.

—¿A protestar por qué? —le pregunta el Director General del Abecedario.

—Pues porque, además de ser la última de las cinco vocales, a mí sólo me usan para asustar a la gente. Los fantasmas y todos los seres terroríficos sólo usan la letra U para meter miedo y provocar espanto. ¡Y ya estoy harta y requeteharta de este oficio! ¡Es un oficio despreciable! ¡Y por eso exijo que, a par-

tir de ahora, los fantasmas usen otras letras diferentes para asustar! Todas somos iguales ante la Ley y tenemos los mismos derechos, ¿o no?

—Pues sí... —dijo el Director General del Abecedario.

Y como la letra U tenía toda la razón del mundo, el Director reunió a todas las letras del abecedario y a todos los fantasmas de los castillos, cárceles y lugares tenebrosos, y les habló de esta manera:

—Señores fantasmas, a partir de ahora dejarán ustedes en paz a la letra U y emplearán cualquier otra letra para asustar. Señoras letras, a partir de ahora, los fantasmas de todo el mundo podrán usar a cualquiera de ustedes para asustar a la gente, a excepción de la letra U, que está hasta las narices, y con razón, de ser la letra de los sustos.

Letras y fantasmas refunfuñaron un poco por la decisión del Director General del Abecedario, pero al final no les quedó otro remedio que aceptar la orden.

¡Y aquí vino el problema! ¡El gran problema! ¿Por qué? ¡Pues porque con las demás letras del abecedario no se asustaba nadie!

Los fantasmas y seres horripilantes empezaron a gritar por las noches con la letra A, con la letra E, con la letra I y con la letra O. Y la gente no sólo no se moría del susto, sino que se moría de risa.

Cuando un fantasma gritaba, por ejemplo, con la letra A, «¡AAAAAAA!», parecía que el que estaba asustado era el propio fantasma. ¡Y vosotros me diréis qué pinta un fantasma asustado!

¿Y si gritaba con la letra O? Si gritaba con una O larga, larga, larga, daba la sensación de que estaba admirándose de algo.

¡Que eso es lo que le pasó una vez a mi pobre amigo el Fantasma U! Aquello sí que fue de risa. Bueno, de risa... ¡y de rabia!

Resulta que en mi clase hay una niña muy tonta, muy presumida y muy cursi que se llama Fernanda María Vanessa. Siempre anda diciendo que todo lo suyo es lo mejor: que sus papás son los que más dinero tienen; y que su rostro (porque dice «rostro» en lugar de «cara») es el más bonito del universo.

Y un día fui yo y pensé: «¡Pues verá esa repipi cómo le cambio yo el rostro y se lo pongo más feo que feo!»

Llamé a mi amigo el Fantasma U y le dije:

—Anda, asusta a Fernanda María Vanessa para que se le ponga cara de espanto.

Para entonces, los fantasmas ya habían recibido la orden de no emplear la letra U para asustar. Y por eso mi amigo el Fantasma U se plantó de repente delante de Fernanda María Vanessa con su sábana blanca y le gritó con todas sus fuerzas:

—¡¡¡OOOOOOO!!!

¿Y qué ocurrió?

¡Que en lugar de asustarse, la presumida y la creída de Fernanda María Vanessa se puso a hacer monerías y a decir que hasta los fantasmas se admiraban de lo guapa que era y de los vestidos tan lindos que llevaba!

¡Incluso mi gatita A le perdió el miedo al Fantasma U! Con eso está todo dicho.

Así es que las cosas no podían seguir así.

Todos los fantasmas se reunieron en asamblea y fueron a reclamar al Director General del Abecedario:

—Queremos volver a emplear la letra U para asustar a la gente, señor —dijeron—. Con las demás letras no damos miedo a nadie. Estamos haciendo el ridículo y perdiendo nuestro prestigio.

El Director General del Abecedario movió la cabeza de un lado para otro, muy preocupado. Luego mandó llamar a su presencia a la letra U.

—Señora U —comenzó—, los fantasmas me piden que vuelva a ser usted la letra de los sustos.

—¡Tururú! —contestó la letra U, muy arrogante.

Y añadió:

—¡Nu, nu y nu! ¡Yu nu surú jumús lu lutru du lus sustus!

El Director General del Abecedario y todos los fantasmas se quedaron con la boca abierta.

Y todavía se quedaron con la boca más abierta cuando la letra U, después de pensárselo un buen rato, hizo una propuesta con su nuevo lenguaje. Dijo que aceptaría volver a ser la letra de los sustos a cambio de que todas las palabras se pronunciaran, a partir de entonces, sólo con la letra U.

—¿Tudus lus pulubrus cun lu U? —preguntó, nervioso perdido y sin saber ni lo que decía, el Director General del Abecedario.

Tras serenarse un poco, le hizo ver a la letra U que eso sería el caos y que las demás vocales protestarían...

La letra U insistió.

El Director General trató de negociar.

Y por fin, llegaron a un acuerdo: la letra U seguiría siendo la letra que emplearían los fantasmas y demás seres terroríficos para asustar a la gente. Pero, a cambio, se convertiría en la primera de las cinco vocales. De la última posición pasaría a ocupar la primera.

—Así es que, a partir de hoy —acabó el Director General del Abecedario—, las vocales se leerán del revés: U, O, I, E, A.

Protestó mucho la A, por ser ahora la última letra. Un poco menos, la E, por ser la penúltima. También la O refunfuñó porque ella era la segunda y no la primera. La única que no dijo nada fue la letra I, porque, a pesar del cambio, seguía estando en el mismo sitio de siempre: en medio.

Y colorín, colorado,
el cuento de la letra de los sustos
se ha terminado.

Canto y cuento de las cinco vocales

A - E - I
Cinco letras yo escribí.
U - O - I
Cinco letras yo escribí
y revueltas, bien revueltas,
ay, cuánto me divertí.
A - E - U - O - I
Cinco letras yo escribí.

Un cuento de la A, un cuento de la E, un cuento de la I, un cuento de la O, un cuento de la U…

¿Y por qué no un cuento de la A, E, I, O, U?

—¿Un cuento con las cinco vocales juntas?

—¿Por qué no?

—Pero... ¿en orden o del revés?

—Pues no sé qué deciros... ¡Como el último cuento, el de la letra U, terminó con el orden de las letras totalmente cambiado...!

Pero veréis: lo que a mí sí que me parece necesario es que, para contar un cuento de las cinco letras vocales, tendríamos que encontrar primero una palabra que tuviera las cinco letras vocales.

—¡Uf..., dificilísimo!

—Pues a mí se me acaba de ocurrir una: MURCIÉLAGO.

—Y a mí otra: CUADRILÁTERO.

—¡Ah, no! Ésa no vale. Tiene que ser una

palabra que tenga sólo las cinco vocales, sin repetir ninguna. Y en CUADRILÁTERO está dos veces la letra A.

—Pues MURCIÉLAGO tendrá las cinco, no digo que no, pero no están ni del derecho ni del revés. ¡Más revueltas imposible!

—¡Pues hacemos un cuento revoltijo y ya está!

—¿Un cuento revoltijo? ¿Y eso cómo se hace?

—Cogemos las cinco letras vocales y las echamos a lo alto. Y según el orden en que caigan, nos inventamos el cuento, ¿vale? ¿Preparados?

A la una, a las dos y a las tres: ¡aaaaarriba!

«¡Plas, plus, ples, plis, plos!»

Por el ruido que han ido haciendo al cho-

car contra el suelo podéis adivinar en qué orden han caído, ¿a que sí?

Primero la A, luego la U, después la E, luego la I y finalmente la O.

—De acuerdo. ¿Y ahora qué?

—Habrá que buscar el nombre de una persona que tenga las cinco letras en ese mismo orden.

—¿Y para qué?

—Para que haga de protagonista del cuento.

—¡Ya tengo uno: Aurelio!

—¿Aurelio? A ver, a ver... ¡Ah, pues sí! Entonces, como ya tenemos el protagonista, ya podemos empezar el cuento revoltijo. ¡Allá va!

Érase una vez un chico que se llamaba AU-

RELIO y tenía un corazón de oro. Porque Aurelio significa precisamente «de color de oro». Ya ves tú lo que son las cosas.

Y como tenía un corazón de oro, Aurelio era bueno y generoso a más no poder. Regalaba todo cuanto tenía. ¡Hasta las mismísimas letras de su nombre!

Por eso un día el hada Iris Asioasí le pidió la letra I para emplearla como varita mágica (porque había perdido la suya y no la encontraba), y Aurelio se la dejó sin pensárselo dos veces.

Pero entonces ocurrió una cosa rara y misteriosa: que al prestarle la letra I de su nombre, Aurelio se convirtió en AURELO. Y al reducirse su nombre de tamaño, también él se encogió un poco y se quedó un poquitín más pequeño que antes.

A los pocos días, el bueno y generoso de AURELO caminaba tranquilamente por la calle y se encontró... ¿Con quién diréis que se encontró?

Con el detective Don O y su ayudante Nicalor. ¿Os acordáis de ellos? Iban los dos a resolver un nuevo caso que les habían encargado. ¡Nada menos que encontrar una aguja de oro en un pajar! Y necesitaban urgentemente llamar por teléfono desde una cabina.

—Oye, chico —le dijeron a AURELO—, ¿podrías prestarnos una moneda para llamar por teléfono?

El generoso AURELO les dijo que no tenía dinero, pero les podía dejar la letra O de su nombre. Al fin y al cabo, también era redonda como una moneda.

El detective y su ayudante aceptaron, pero...

Al prestarles la letra O de su nombre, el generoso AURELO se quedó en AUREL y, al mismo tiempo, ay, se hizo también un poco más pequeño y flaquito que antes.

¿Os estáis dando cuenta del buen corazón que tenía nuestro amigo AUREL? Pues no es nada lo que os he contado para lo que os voy a contar. Ocurrió unos días más tarde.

Llovía a mares. Y el bueno y generoso de AUREL le prestó a una pobre viejecita la letra A de su nombre. Le serviría de paraguas y así no se mojaría. Y como ya no tenía letra I, porque se la había regalado al hada Asioasí, AUREL le dejó también a la pobre anciana la letra L, que puede servir, en caso de apuro, de mango de paraguas.

Total que, después de esta buena acción, el generoso AUREL se quedó reducido a URE de golpe y porrazo. Y naturalmente, al reducirse su nombre, también él disminuyó nuevamente de tamaño y se quedó pequeño y flaco como..., como..., ¡como una cerilla!

Fue precisamente cuando yo me lo encontré jugando en el parque.

—¿Cómo te llamas? —le pregunté.

—Antes me llamaba AURELIO, pero ahora me llamo sólo URE. ¿Y tú?

—Yo siempre me he llamado Dafne —le contesté—: antes y ahora.

Comenzamos a jugar y yo le presenté a mi amigo el Fantasma U.

¿Pero sabéis lo que pasó justo entonces?

Que vino de repente un viento muy fuerte, muy fuerte, y se llevó por los aires su sábana blanca. Mi pobre fantasma se quedó invisible y yo no podía saber dónde estaba. Por eso le pedí a URE si podía dejarme la letra U de su nombre. Ya sabéis todos que, puesta boca abajo, la letra U puede servir de sábana de fantasma.

Le dije que se la devolvería al día siguiente. Pero él, que seguía teniendo un gran corazón a pesar de lo pequeñín que se estaba quedando, me contestó que no hacía falta. Le hacía mucha ilusión ayudar a un fantasma y podía quedarse para siempre con su U.

Le di las gracias con toda mi alma, aunque ya casi ni se le veía. Al regalarme su letra U, se había reducido a RE y se había vuelto aún más chiquitín.

¡Pero mira tú qué casualidad! Quien sí le vio pasar por delante de su casa fue el hombre despistado que siempre andaba con los pelos revueltos. ¿Os acordáis de él?

Y como era tan distraído que nunca sabía dónde había dejado el peine, le quitó al generoso RE la letra E para peinarse. Le dejó al pobre casi sin nombre y tan pequeño, tan pequeño, como..., como..., ¡como el punto de la I!

¿Como el punto de la letra I? ¿Y por qué no como la pequeña estrella que llevan en la punta las varitas mágicas de las hadas?

Eso mismo pensó el diminuto R.

Y fue a buscar inmediatamente al hada Asioasí y se ofreció para hacer de estrella dorada de la punta de su varita.

Y así es cómo el pequeño y generoso Aurelio, gracias a su bondad y a su corazón de oro, se convirtió en «estrella» famosa. ¡Y apareció en todas las revistas y hasta en la televisión!

Y colorín, colorado,
el cuento revoltijo de la A U E I O,
las cinco vocales de Aurelio,
se ha terminado.